Mongolei – Die Karawane

Dieser Bildband erscheint anlässlich der Erstausstrahlung
der vierteiligen Reisedokumentation »Mongolei – Die Karawane«
im ZDF am 29. November, 6., 13. und 20. Dezember 2005.

Mongolei
Die Karawane

HEINER GATZEMEIER, Texte

GORDON A. TIMPEN, Fotograf der Landschaftsimpressionen

HEIKO MERTEN, Fotograf der Karawane der Südroute

ERIK SCHIMSCHAR, Fotograf der Karawane der Nordroute

Herausgegeben von REGINA ZIEGLER und NANNI ERBEN

Unter redaktioneller Mitarbeit von SABINE ADLER

SCHWARZKOPF & SCHWARZKOPF

Inhalt

Vorwort

Regina Ziegler, Produzent

Foto: Erik Hackenschmidt

Wenn heute von Dschingis Khan die Rede ist, dann denkt man vielleicht zuerst an einen neuen Hollywood-Film, auf alle Fälle aber an kriegerische Horden, die krummbeinig auf kleinen Pferden durch die weiten Räume Asiens ritten, heute hier auftauchend, morgen dort verschwindend, und angeführt von einem verschlagenen und grausamen Herrscher. Gräbt man ein bisschen tiefer, dann stellt man jedoch fest, dass hinter diesem »Mongolensturm« nichts weniger als ein Weltreich stand, und zwar, wie Herfried Münkler in seinem Buch über Imperien anmerkt, eines »der größten der Geschichte«, jedenfalls, was die Ausdehnung anging. »Mit einer Fläche von 25 Millionen Quadratkilometern wurde das mongolische Weltreich nur von dem der Briten übertroffen. Auf dem Höhepunkt seiner Machtentfaltung reichte es vom Gelben Meer bis an die Ränder der Ostsee«, so Münkler.

Die Mongolei aufzusuchen und anschauen, sich in dieses Land einzuleben heißt also immer und zuerst: mit diesem Vorwissen, mit einem bestimmten Bild im Kopf nach Spuren dieser Geschichte zu suchen, nach Erinnerungsstücken, die etwas von dieser verblassten Herrlichkeit aus dem 13. Jahrhundert, die etwas von der Größe von Herrschaft und Herrschern zeigen. Doch man entdeckt davon nur wenig. Mehr noch als in den Regionen anderer imperialer Kulturen wie etwa in China oder in Mittelamerika stößt man in der Mongolei des 21. Jahrhunderts zunächst einmal auf das Fremde, das ganz Andere. Fast alles, worauf der westliche Besucher und Sucher trifft, ist unvergleichbar. Bei der Landschaft wird man sich darüber nicht wundern. Die war immer schon so. Und auch das Klima hat sich nur in dem Maß verändert, in dem es dem Menschen gelingt, die Erderwärmung voranzutreiben.

Fremd sind vor allem die Lebensgewohnheiten, all das, was man Sitten und Gebräuche nennt, also das, was zu großen Teilen auch die Kultur eines Landes ausmacht. Dabei sind diese Sitten und Gebräuche, der Alltag ihrerseits in hohem Maße ein Effekt von Landschaft und Klima. Dass sich aus alledem einst ein Weltreich gebildet hat, also etwas, in dem viel Unterschiedliches Platz hat, zum Beispiel viele Sprachen, hält man nur dann für möglich, wenn man vorher schon davon gewusst hat.

Ob es noch fremdere Gegenden in dieser Welt für einen westlich geprägten Menschen gibt als die Mongolei von heute, wird am Ende eine Frage des Standpunktes bleiben, zumal dann, wenn man in die Überlegungen einschließt, dass auch die Vorstädte westlicher Metropolen für die Einwohner der Zentren immer fremder werden. Und umgekehrt. In all solchen Fällen dessen, was man aus wirklich guten Gründen »Fremdgehen« nennen könnte, beobachten wir an uns eine Reaktion, die ein Gemisch darstellt aus Neugier und Ablehnung, aus Interesse und Abstoßung. Wir möchten genauer wissen, was es ist, was wir da sehen und erleben, aber wir möchten uns auch nicht zu sehr darauf einlassen, vielleicht so sehr, dass uns das Fremde nicht mehr loslässt, völlig verschlingt. Es ist ja kein Zufall, dass zahlreiche Ethnologen lebenslang in den Ländern geblieben sind, die sie eigentlich doch nur auf Zeit erforschen wollten. Das Fremde ist das Erstmalige und Einmalige. Es ist sozusagen die Schwester des Neuen. Das Fremde hat als das ganz Andere nicht nur wie alles Unbekannte etwas Bedrohliches. Es hat immer auch etwas Saugendes, Faszinierendes, Suggestives.

Fernsehen war schon immer eine Möglichkeit, dieses Fremde gewissermaßen auf Probe an sich heranzulassen. Es erlaubt den risikofreien Umgang mit Sachen, die einen im richtigen Leben umbringen könnten. Man sitzt und schaut. Man kann sich verschließen oder man kann sich einlassen. Und einlassen kann man sich eher, je mehr das, was man sieht, mit eigenen Augen gesehen wird. Je mehr Möglichkeiten man hat, sich zu identifizieren. Wenn es einen oder sogar einige, viele gibt, die in solchen Produktionen, die das Fremde zeigen, Menschen sind wie du und ich, die stellvertretend für mich erleben, zu meinen Preisen, aber auf ihre Kosten, was ich mir anschließend im sicheren Hafen meines Wohnzimmers ansehen kann, dann ist die Chance da, dass ich mich auf das Fremde einlasse, auf das so Unterschiedliche und allmählich anfange zu vergleichen. Wenn es so weit kommt, dann ist das der Beginn von einem Stück Kultur, die dort entsteht, wo die Unterschiede produktiv ergriffen werden.

Vier Dokumentationen eines kleinen Selbstversuchs von Deutschen, mit den Bedingungen, den Gebräuchen, der Kultur der Kernlandschaft eines einstigen Weltreiches, der Mongolei, zurechtzukommen, sind kein Beitrag über die Geschichte von Folklore, sondern ein Angebot, sich auf das Fremde einzulassen. Das erste und größte Risiko der Begegnung tragen diejenigen, die jeden Tag 25 Kilometer wandern und Eindrücke haben und verarbeiten müssen, die weit weg von denen des Zuschauers sind und die doch bis zu ihm reichen.

Da ist dann am Ende nichts Objektives, nichts, was so und nicht anders sein kann. Es ist ein Sammelsurium von Gefühlen, Reaktionen, Verhaltensweisen, Bildern, vor allem auch von Urteilen. Aber wenn dem Zuschauer schon das Risiko der Konfrontation mit dem Fremden erspart bleibt – auch er trägt ein Risiko. Es besteht darin, sich aufgrund von Bildern, die andere sich gemacht haben, sein eigenes Bild zu machen.

Die Mongolei

»Die Mongolei ist ein faszinierendes, fast unbekanntes Land, das Bilder lebendig werden lässt von wilden Reiterhorden, endlosen Steppen und sternenklaren Wüstennächten. Ein Mythos eben!« So stellt das ZDF im Februar 2005 das Projekt einer ungewöhnlichen Reise vor und ruft Zuschauer auf, sich für dieses Abenteuer zu bewerben. Mitzureisen in ein landschaftlich und kulturell höchst abwechslungsreiches Land.

In das Land des mythenumgebenen Mongolenherrschers Dschingis Khan. Eigentlich hieß er Temudschin, 1167 geboren und im Sommer 1227 während eines Feldzugs gestorben. Mit 29 Jahren wurde er zum Fürsten der »Mongchol« mit dem Titel »Tschingis Chan« ernannt. In der Übersetzung heißt Chan oder Khan Herrscher. Zehn Jahre später, 1206, wurde er zum Herrscher aller Mongolen: Großkhan. Er stellte ein riesiges, äußerst diszipliniert ausgebildetes Reiterheer zusammen und unterwarf ganz Zentralasien von Choresm bis hin zur Wolga, eroberte letztlich Nordchina im Jahre 1215 einschließlich Peking. Dschingis Khan gelang es, rein flächenmäßig gesehen, das größte Reich aller Zeiten auf seinen Feldzügen zu erobern und zu vereinigen. Er festigte sein Weltreich durch eine strenge, aber gerechte Gesetzgebung. Nach seinem Tod wurde sein Reich unter seinen Söhnen aufgeteilt. Bis heute ist die Verehrung Dschingis Khans in der Mongolei fest verwurzelt, ist sein Wirken höchst lebendiger Teil der Kultur. Hotels und Restaurants sind nach ihm benannt, und sein Konterfei ziert jeden Geldschein. Das große Volksfest, das im ganzen Land Anfang Juli mehrere Tage gefeiert wird, ist dem Nationalhelden gewidmet. Und wen verwundert es, dass es auch eine Biersorte namens Dschingis gibt? Die Mongolei, dank Dschingis Khan ein unvergänglicher Mythos.

Die Idee, diesen Mythos lebendig werden zu lassen, geht auf Nanni Erben zurück. Das Konzept der Berliner Produktionsfirma Ziegler Film weckt Neugier: »Der genaue Blick auf dieses einmalige Land lohnt, da es sich durch seine verschiedenen Klimazonen bilderbuchartiger Landschaften erfreut. Ob man nun die malerisch bewaldeten Gebirgszüge im Norden betrachtet, die reizvoll-spröde Steppe mit ihrer absoluten Stille durchquert oder die imposanten Dünen der Wüste Gobi genießt. Ein Land der Gegensätze.«

In der Mongolei leben 2,7 Millionen Menschen auf einer Fläche, die fast fünfmal größer ist als Deutschland. Rein rechnerisch leben 1,5 Menschen auf einem Quadratkilometer. 2,7 Millionen Menschen und weit über 30 Millionen Tiere – Rinder, Kamele, Pferde, Ziegen, Schafe zählt die Statistik.

Im mongolischen Altaigebirge im Westen des Landes liegt der Nairamdal-Gipfel mit der höchsten Erhebung des Landes von knapp 4400 Metern. Der niedrigste Punkt der Mongolei ist mit 560 Metern der Khokh See im Nord-Osten nahe der chinesischen Grenze. Die insgesamt hohe Lage des Landes – im Durchschnitt 1600 Meter – bestimmt auch das Klima. Im Jahresschnitt bringt es die Mongolei auf lediglich -1° C. Temperaturschwankungen um die vierzig Grad innerhalb eines Tages sind keine Seltenheit. Der Winter ist lang und kalt, Frühling und Herbst im Übergang kaum wahrnehmbar, der Sommer währt nur knapp drei Monate, von Juli bis September. Dennoch zeichnet sich die Mongolei im Sommer durch sehr viel Sonne und einen klaren blauen Himmel aus. Überhaupt gehört das Land zwischen Russland im Norden und China im Westen, Süden und Osten, zu den sonnenreichsten Ländern der nördlichen Hemisphäre.

In der Hauptstadt Ulaanbaatar leben gut zwei Drittel der Bevölkerung. Architektonisch ist der Einfluss der ehemaligen Sowjetunion unübersehbar. Allerdings bevorzugen die Mongolen in ihrer Metropole einen zum großen Teil westlich geprägten Lebenstil, auch wenn es zahlreiche Stadtteile gibt, in denen die Jurten – die ursprüngliche Wohnform der Nomadenfamilien – vorherrschen.

Weithin sichtbar umschließen diese »Jurtendörfer« meterhohe Bretterzäune, deren Innenräume nochmals unterteilt sind in Einzelgrundstücke. Jede Nomadenfamilie, die in die Stadt zieht, weil sie draußen im weiten Land kein Auskommen mehr hat, besitzt ein Anrecht auf 700 Quadratmeter Grund und Boden. Nach und nach, wenn sie beruflich und vom Einkommen her Fuß gefasst haben, errichten sie neben ihren Jurten feste Häuser aus Holz oder auch aus Stein. Kontrastreicher kann ein Land nicht sein.
So verwundert es nicht, dass sich 4177 Männer und Frauen – zwischen 18 und 80 Jahren – für das Abenteuer Mongolei beim ZDF bewerben. Für die vierteilige Reise-Dokumentation gehen schließlich zwölf von ihnen am 26. Mai auf die knapp neunwöchige Tour. Sie reisen in Karawanen auf den uralten Handelswegen der Mongolen und werden von erfahrenen einheimischen Karawanenführern begleitet.

Die eine Route beginnt im Norden am kristallklaren Khovsgol-See an der Grenze zu Russland, führt durch bewaldetes, bergiges Gebiet mit üppiger Vegetation entlang an kleineren Seen und größeren Flüssen über Tsetserleg nach Karakorum. Zur Festung des sagenumwobenen Mongolenherrschers Dschingis Khan, der sie im 13. Jahrhundert errichten ließ.

Das andere Team zieht von Süden – nahe der chinesischen Grenze – nach Karakorum, durchquert die Wüste Gobi mit ihren endlos scheinenden Dünen und den kargen, steinigen Ebenen.

Die unterschiedlichen geografischen Herausforderungen bestimmen wie zu Dschingis Khans Zeiten die Transportmittel. Die »Nordkarawane« reist mit urtümlichen, trittsicheren Yaks, die »Südkarawane« zieht mit genügsamen, ausdauernden zweihöckrigen Kamelen durchs unendlich weite Land.

Die beiden Gruppen – mit ihren mongolischen Begleitern sind es jeweils 13 Männer und Frauen – reisen nicht einfach des Weges. Zu Beginn erstehen sie auf den Märkten von Murun beziehungsweise Dalanzadgad landesübliche Lebensmittel wie Mehl, Reis, Nudeln und Trockenfleisch für etwa eine Woche und Handelsware, die bei den Nomaden, die oft weit ab von Städten oder kleinen Orten leben, immer willkommen ist – Stiefel und Jeans, Seide und Knöpfe, Motorradreifen und Pferdesättel aus Holz. Waren zum Tauschen gegen Geld oder Naturalien. Schafe oder Ziegen etwa. Zum Schlachten.

Beide Karawanen erhalten zudem einen festgelegten Geldbetrag: 600 000 Tugrik, das sind umgerechnet 400 €. Für jeweils 13 Personen für einen Zeitraum von mehr als acht Wochen nicht gerade üppig.

Unterwegs müssen beide Trecks von ihren Vorräten und vom Verkauf oder Tauschhandel leben. So kommen sie zwangsläufig in engen Kontakt zur Bevölkerung, die ohnehin Fremden gegenüber sehr aufgeschlossen ist. Wie lebt es sich in einem Land, das viermal größer ist als Deutschland und in dem nur 2,7 Millionen Menschen leben? Einem Land, in dem das Klima an einem Tag um 40° C schwanken kann? Wo frisches Wasser und gutes Weideland trotz unermesslicher Größe und Weite nur sehr beschränkt zu finden sind? Gemeinsam mit ihren mongolischen Weggefährten auf Zeit werden sie all das erfahren. Und davon berichten diese Bilder und die kleinen Reiseanekdoten, ursprünglich festgehalten in Tagebuchnotizen.

Wer sind sie nun, die sich aufmachen, eine fremde Welt für sich zu entdecken?

Im Süden sind es die 25-jährige Anne, angehende Tierärztin aus Rostock, die sich schwer daran gewöhnen kann, wie die Mongolen ihre kranken Tiere kurieren; der gelernte Gärtner und Medienkaufmann Arndt aus Recklinghausen, 31, der mindestens 15 Kilo abnehmen will auf der Tour und 22 schafft; Gisa, 54, aus Oberursel bei Frankfurt am Main, erzählt gerne Märchen und hat eine Profession daraus gemacht; Nasti aus Hamburg, 39, Herzchirurgin mit großer Erfahrung in der Notfallmedizin, will die ganze Strecke von 750 Kilometern laufen, und das hält sie auch durch; Norman aus dem thüringischen Meiningen ist mit seinen 28 Jahren bekennender Globetrotter, beruflich eingebunden als Seniorberater einer Großbank und schließlich Werner, 53, diplomierter Kfz-Mechaniker aus Weimar, der sich vor allem auf Land und Leute freut, die Ruhe genießen will.

Im Norden sind es die Potsdamerin Catrin, 40, Werbekauffrau mit der professionellen Neigung, alles schriftlich festzuhalten, was das Leben so bietet; Christian aus dem westfälischen Lippetal, 35, Ergotherapeut, aber im zweiten Leben Viehzüchter und Gärtner; Kirsten, 25, geboren in Stuttgart, lebt aber gern im lebendigen Frankfurter Umfeld, studiert derzeit Betriebswirtschaftslehre nach einer Ausbildung zur Reiseverkehrsfrau; Lena, mit 21 die Jüngste im Bunde, lebt in Köln und studiert dort Sportwissenschaften; Manfred, aus dem Fränkischen, 55, Hauptkommissar, der gern in mehreren Welten zuhause ist; schließlich Oliver, 37, Hauptmann der Reserve, will sich als Business-Manager vom Soldaten-Image befreien.

Sie sind verschiedenen Alters, von gegensätzlicher sozialer Herkunft mit höchst unterschiedlichen Berufen. Was sie verbindet, ist der Wunsch, das Abenteuer Mongolei ganz anders zu erleben als alle Reisen, die sie zuvor je unternommen haben. Was sie erleben, kann man nicht besser ausdrücken, als mit einem mongolischen Lied, das sich Catrin für ihr Tagebuch von Tschingun übersetzen ließ:

Ich bin ein richtiger Mongole
Bin ein rauer Nomade
Wie ein Süchtiger spiele ich um Airak
Wie ein Wilder gehe ich raus zum Ringen
Meine sanften Pferde liebe ich
Und verehre die Symbole meines Landes

Ich bin ein richtiger Mongole
Bin ein rauer Nomade

Die ungerittenen Pferde zähme
Ich mit einem Zug am Ohr
Ich reite wenn es sein muss auch ohne Zügel
Nehme auch kein Blatt vor den Mund und ertrage
Die Liebe meiner Liebsten wie es sich gehört.

Russland
Khovsgol Nuur
Khatgal
Alag-Erdene
Murun
Jargalant
Khorgo
Tekhiin Tsagaan Nuur
Tsetserleg
Ulaan Baatar
Karakorum
Orkhon Gol
Shargaljuut
Bayankhongor
Mongole
Bogd
Bayanlig
Bor Sukhait
Khongorin Els
Dalandzadgad
Wüste Gobi

Karte der Mongolei
Südroute: rote Strecke
Nordroute: grüne Strecke
Die beiden Karawanen ziehen jeweils 750 km nach Karakorum.

KARAWANENTEILNEHMER NORDROUTE

Lena Döring

Kirsten Anja Ceglarek

Oliver Schneider

Christian Olfen

Catrin Schoneville

Manfred Möhres

Tuul Enkhbat

Arndt Böhnke

Gisa Naumann Namba

Norman Lesser

Tschingunshaw Borchu

Anne Hemmerling

Werner Marquart

Dr. med. Nastjenka Berndt

Die Teilnehmer der Karawanen besuchen ein buddhistisches Kloster, um sich für die Reise segnen zu lassen.

Nach dem Segen kann es beginnen – das große Abenteuer!

Die Südroute

»Ich werde die ganzen 750 Kilometer zu Fuß gehen!«, nimmt sich die 39-jährige Herzchirurgin Nasti Berndt vor. »Mir reicht es schon, wenn ich die zehn Wochen durchhalte, da muss ich nicht alles laufen, da kann ich mich auch mal auf ein Kamel oder ein Pferd setzen!«, entgegnet Arndt, gelernter Gärtner und ausgebildeter Medienkaufmann.

Gemeinsam mit sieben Mongolen und vier weiteren Deutschen starten sie ganz im Süden der Mongolei in der Wüste Gobi, nahe der chinesischen Grenze. Durchqueren die größte Sanddüne des Landes, die Chongor els mit einer Länge von 180 Kilometern. Über Ujent Uul, Bayankhongor, an den Heilquellen von Shargaljuut vorbei zum großen Ziel Karakorum, einstige Hauptstadt im Weltreich des Dschingis Khan.

Mit 13 Kamelen, vier Zugkarren und sieben Pferden machen sie sich auf den langen abenteuerlichen Weg. Auf dem Markt von Dalanzadgad kaufen sie Proviant für die ersten Tage: Mehl, Reis, Obst, Käse, Nudeln, Kartoffeln, Gewürze, Erdnüsse und Kekse. An Bargeld verfügen sie über umgerechnet 400 € für zehn Wochen. Nicht gerade üppig für 13 Leute. Damit sie über die Runden kommen, wollen sie mit Nomadenfamilien draußen in der unendlichen Weite des Landes handeln. Dafür haben sie landestypische Tauschware wie Holzsättel, Seide, Stiefel oder auch Ersatzteile für Motorräder im Gepäck.

Die Wüste Gobi hat viele Gesichter, hier bei Bogd.

Überleben in Extremsituationen: Die unwirtliche Gegend um Khongorin Els. Kamele können den Temperaturschwankungen der Wüste, die übers Jahr betrachtet von -40° C bis +40° C reichen, standhalten.

Kindheit in der Wüste: Im Süden der Mongolei leben 0,7 Einwohner auf einem Quadratkilometer.

Jurten im Lichtspiel der untergehenden Sonne bei Ich Bogd Uul.

Portraits mongolischer Nomaden-Kinder

Alle unter einem Dach: Bis zu drei oder vier Generationen leben in einer Jurte.

*Kristallklar und eiskalt:
der Orkhon Gol
(Orkhon Fluss).*

*Die gewaltige Basaltfels-
schlucht am Orkhon Gol*

Gebirgsimpressionen aus dem Süden der Mongolei

Vom Wind geschliffen: die Wüste Gobi bei Bogd

Sanddünen in der Südgobi: Gurvan Tekhiin Khooloi (Gurvan Tekhiin Schlucht).

WEITBLICK

Auf die Frage, was er am meisten vermissen wird, nach der knapp neun Wochen dauernden Karawane, überrascht der 31-jährige Banker Norman: »Das Klo! Zuhause gilt ein Bad mit 15 Quadratmetern als Prestige. Hier in der Mongolei habe ich ein Klo von 30 000 Quadratkilometern und einer Fernsicht von mindestens 15 Kilometern.« Damit spielt er auf die ebenso auffälligen wie einfachen Bretterbuden an, die überall in der Mongolei in der Landschaft stehen.

Nicht weit entfernt von den Jurten oder den Marktflecken inmitten kleinerer wie größerer Ortschaften, auch am Wegesrand meist holpriger und löchriger Straßen. Diese ›Plumpsklos‹ besitzen oft nicht einmal eine Tür, und wer darauf thront, genießt nicht selten den Blick auf das Geschehen im Ort, den Autoverkehr auf den Landstraßen, die weite Natur.

Die ZDF-Karawanen besitzen ein transportables Klo – eine mit einem Deckel versehene Kiste, die einfach über ein gegrabenes Erdloch gesetzt wird. Drum herum eine Plastikplane als Sichtschutz. Mehr oder weniger.

GASTFREUNDSCHAFT

»Das Leben ohne Uhr stärkt die Sinne wieder für die Natur. Wozu brauche ich eine Uhr, wenn der Tag doch so unendlich lang ist?« Eine kurze Tagebuchnotiz, in der Gisa ihre Beobachtungen des mongolischen Alltags zusammenfasst.

Die Gastfreundschaft der Mongolen ist sprichwörtlich. Inmitten der weiten Landschaft kommen sie plötzlich wie aus dem Nichts mit Buttertee und Milchkeksen und reichen den Fremden die Gaben als Willkommensgruß. Oft wortlos, aber immer mit einem Lächeln auf den Gesichtern.

So verwundert es auch nicht, wenn eine Nomadenfamilie, die den Reisenden ein Schaf verkauft hat, anbietet, es nicht nur zu schlachten, sondern es auch als Festmahl anzurichten. Da spielt die Zeit keine Rolle. Und wer eine solche Einladung ausschlägt, bringt sich um ein einzigartiges Erlebnis.

Die Zubereitung in der Milchkanne – egal ob Schaf oder Ziege – ist langwierig, wird aber wettgemacht durch das meist sehr fröhliche Miteinander, in dem gestenreich erklärt wird, was da gerade abläuft. Zunächst werden größere Flusssteine gesammelt, natürlich können es in der Steppe auch gewöhnliche, aber vorzugshalber glatte Steine sein. In einem Feuer – Lagerfeuer oder Feuerstelle der Jurte – werden die Steine glühend erhitzt. In der etwa 40 bis 50 Liter fassenden Milchkanne werden die heißen Steine und das Fleisch – natürlich mit Fett und Knochen – abwechselnd randvoll geschichtet. Gewürzt mit wilden Kräutern. Nach jeder Schicht mit Fleischstücken und Steinen wird der Deckel wieder geschlossen, die Kanne heftig durchgeschüttelt, damit alles dicht aufeinander liegt. Keine Energie verloren geht.

Fest verschlossen wird die Milchkanne dann für etwa zwei Stunden der Glut der Feuerstelle überlassen.

Zwischenzeitlich wird die Ziegen- oder Schafsleber zubereitet. Mit Zwiebeln und Äpfeln. Wie wir es hierzulande traditionell auch kennen. Auch wer über Jahre oder Jahrzehnte keine Innereien mehr gegessen hat, wird dieser Vorspeise den kulinarischen Genuss nicht absprechen können. Zum später servierten, meist sehr zarten Fleisch wird eine köstliche Brühe gereicht, die sich am Boden der Kanne gesammelt hat.

Nur wer sich Zeit lässt und verweilen kann, wird die Mongolei aus sich heraus kennen lernen. »Der Mongole lebt mit seiner Zeit, der Europäer verplant seine Zeit.«

Eine Erkenntnis, die mit Gisa wohl alle teilen, die mit der Karawane durch das Land ziehen.

Ein Reiter ist der Karawane immer voraus. Seine Aufgabe ist es, die weitere Strecke auf Passierbarkeit zu prüfen und nach Wasserstellen und Rastplätzen für die Nacht Ausschau zu halten.

Das Kamel einer Karawane ist eher Lasten- als Reittier. Die Karawanenteilnehmer führen die Tiere, hier Anne, Werner, Norman und Arndt.

Die Karawane, hier auf dem Weg nach Gashuun Tal (Gashuun Steppe)

Khongorin Els – die über 180 Kilometer lange Sanddüne

Batgaa, einer der Kamelführer

Die Nomadin Tsetsegee führt die Karawane auf ihrem Weg nach Bor Sukhait an.

Etwa 750 Kilometer Fußmarsch liegen vor den Karawanenteilnehmern

Karawanenteilnehmerin Gisa, hier auf dem Weg nach Bor Sukhait

Impressionen aus der Südgobi, dem Startgebiet der Karawane

KAMELE

»Bis zu 300 Kilogramm kann ein Kamel an Gepäck über eine Tagesdistanz von etwa 50 Kilometern tragen; es kommt eine Woche ohne Wasser aus; braucht dann allerdings eine Quelle, aus der es dann annähernd 100 Liter auf einmal säuft. Die durchschnittliche Tagesration liegt bei 30 bis 50 Litern.« Ein kurzes Briefing, das Bazogt der Südroute mit auf den Weg gibt. Sie werden auf ihrem langen Weg von 750 Kilometern oft genug zu spüren bekommen, was es heißt, sich nach den Bedürfnissen der Kamele richten zu müssen.

Die zweihöckrigen Kamele – auch Trampeltiere genannt – kosten, wenn man sie kaufen und nicht leihen will, im Süden der Mongolei um 200€. Weltweit lebt in der Mongolei der größte Bestand dieser so genannten baktrischen Kamele.

Als Lasttiere sind sie in der Lage, zu zweit das Gewicht einer Jurte zu tragen. Ihren Hausrat verstauen die Nomadenfamilien, wenn sie ihre Quartiere im Sommer oder Winter mehrmals verlegen, auf zwei oder drei weiteren Kamelen.

»Sehr gewöhnungsbedürftig!«, schreibt Arndt ins Tagebuch und meint das Reiten auf den Kamelen. »Mit angewinkeltem Bein zwischen den Höckern zu sitzen, das hält man allenfalls eine halbe Stunde durch.« Vor allem ohne Sattel. »Und dann noch das vom Passgang verursachte ständige starke Schaukeln in zwei Metern Höhe!« Erfahrungen, die anfangs dazu führen, dass die Deutschen lieber zu Fuß laufen oder ab und an auf die Rücken der sie begleitenden Pferde ausweichen oder es sich ganz einfach auf den Zugkarren bequem machen.

Werner, mit 52 Jahren einer der älteren Teilnehmer, will es zu Beginn wohl mit dem Wasserspeicher der Kamele aufnehmen. Die Temperaturschwankungen in der Wüste verleiten morgens in der Früh oft dazu, die Mittagshitze – häufig über 40° C – zu unterschätzen. Ein Kreislaufkollaps und Unterzuckerung machen ihm bereits am zweiten Tag in glühender Wüstensteppe zu schaffen. Ein Schreck für alle und Fingerzeig, was die Südroute noch so alles bieten kann. Gemeinsam errichten die Mongolen mit den Deutschen ein kleines Spitzzelt auf einem der vier Kamelkarren, unter dem sich Werner ausruhen kann, während der Treck weiterzieht. Werner, sportlich gut trainiert, steckt diese ›Schlappe‹ nach kurzer Zeit souverän weg. Ausreichende Wasservorräte liegen danach für jeden Tag griffbereit im Vorratskarren wie auch kalter Tee mit viel Zucker.

Am Wegesrand bestaunen vor allem die jüngeren Mongolen die Kamelkarawane wie aus einer fremden Welt, obwohl ihre Väter und vor allem Großväter vor gar nicht langer Zeit nur auf diesem Weg Hab und Gut transportieren konnten. Über weite Strecken wasserloser Regionen.

Werner trägt die traditionelle mongolische Kopfbedeckung.

Bazogt reitet das weiße Kamel auf dem Treck nach Bor Sukhait. Weiße Kamele werden selten geboren und gelten als besonders wertvoll.

Batgaa und Tsetsegee führen die Karawane

Die malerische Steppe Orkhon-Tal in der Morgendämmerung mit Frühnebel.

VIERZIG PROZENT GEFÄLLE

»Bolno biz dee!« – »Es wird schon!« Der Ausdruck für Ruhe und Gelassenheit. Eigenschaften, die wie keine anderen wohl den mongolischen Charakter beschreiben, ihre Haltung dem Leben gegenüber. In den Städten mag der Alltag bisweilen hektischer wirken, aber in der Weite der Steppe, den ausladenden Tälern, auf den unendlich scheinenden Bergzügen gilt zunächst, was der Tag bringt. Was morgen kommt, ist morgen.

»Norman! Schau mal, das sind mindestens 30 Prozent Steigung.« – »Mit Serpentinen?« – »Nein. Geradewegs steil hoch!«

Jedes Kamel trägt beziehungsweise zieht etwa 250 Kilogramm. Auf ebener Fläche selten ein Problem. Aber bevor sie das hohe Plateau erreichen, müssen Arndt, Anne, Normen, Kirsten und Werner mit den mongolischen Kamelführern Zug um Zug Tiere wie Karren nach oben schieben und zerren.

In leichtem Trab treiben sie die Kamele am Zügel bergan, drücken die Karren unter Ächzen Meter für Meter vorwärts, legen Steine hinter die Räder, wenn sie wieder abwärts zu rutschen drohen. Ist ein voll bepacktes Kamel auf den Bergkamm gebracht, ein Zugwagen endlich gesichert, holen sie kurz Luft, rennen Hunderte Meter bergab, um die nächsten Tiere und Karren auf das Plateau zu bringen. Fröhlich aufgelegt wandert Gisa den Geröllweg nach oben, winkt den rackernden Mongolen und Deutschen zu. Gisa packt nicht mit an. Gisa hat mit sich selbst zu tun. Die anderen akzeptieren es.

Und dann bergab. Ins Tal. An einen Fluss. 40 Prozent Gefälle. Sand, Geröll. Der steinige Weg keine drei Meter breit. Die einen führen die Tiere an den Zügeln, damit sie nicht links oder rechts ausbrechen. Das schwere Gewicht auf den Rücken, die schwere Last auf den Zugkarren würde sie in die Tiefe ziehen. Beim kleinsten Fehltritt. Die Kamele tasten sich rutschend langsam vorwärts, Männer wie Frauen hängen sich hinten an die Karren, stemmen ihr ganzes Gewicht in das Geröll.

Endlich geschafft. Drei Stunden für zwei Kilometer.

Abends am Lagerfeuer sitzen sie beieinander und knobeln nach mongolischer Art aus, welche Gruppe das nächste Lied singen muss. Deutsche wie mongolische Lieder schallen übers Tal.

»Bolno biz dee!« – »Es wird schon!«

Das Nomadenleben ist harte Arbeit, Norman bremst am Hang einen Anhänger.

Für die Kamele ist der steinige Weg eine Belastung.

Trotz Sandsturm –
das Reise-Tagespensum
muss geschafft werden.

Der Jurtenaufbau kostet nicht nur Zeit, sondern auch Nerven.

DORF-ELEFANT

»An der Zahl der Kamele kann man ihren Reichtum ablesen«, erklärt Bazogt. Und es sei Sitte zu helfen, wenn ziehende Nomaden auf Familien mit viel Arbeit stoßen. So greifen Anne und Werner, Nasti und Gisa und auch Norman zur Schere und lassen sich zeigen, wie das Kamelhaar Zentimeter für Zentimeter heruntergeschnitten wird, während das Kamel seitlich auf der Erde liegt. Nicht ganz freiwillig. Wenn es sich wieder aufrichten will, wird es von den vielen Helfern mit aller Kraft zu Boden gedrückt. 15 Kamele werden an diesem Tag geschoren. Alle von Hand. Abends, als sie von der Familie zum Bleiben gebeten werden, sind alle ziemlich erledigt.

»Und dann gibt es wieder Ziege!«, lästert Arndt in seinem Tagebuch. Obwohl er sie in einer der Jurten der Gastfamilie selbst zubereitet hat. Vor dem Essen lädt das Oberhaupt der Nomadenfamilie traditionsgemäß zu Airak und Kamelwodka ein.

»Der erste Alkohol nach knapp zwei Wochen. Ex!«, betont Arndt, denn er weiß, dass es Stärke beweist, wenn man die große Schale mit einem Zug leert. Arndt bekommt »mal wieder« den größten Knochen und noch Suppe dazu. »Wenn du jetzt nicht aufisst, ziehe ich dir die Ohren lang!«, übersetzt Tschingun die mahnenden Worte Batgaas, des Kameltreibers in der Karawane.

Mitten im Essen fordert Batgaa Arndt zum Fingerspiel auf. »Wer verliert, muss noch eine Portion essen und sich einem Ringkampf stellen.« Arndt gewinnt das Spiel, schafft es aber nicht einmal, seinen ersten großen Knochen gänzlich abzunagen. »Ich esse hier sehr wenig!« Da will Batgaa mit ihm ringen. Zum Spaß natürlich. Denn fast vom ersten Tag an gilt Ringen im Südteam als Freizeitsport – kein Wunder in einem Land, in dem Ringen Volkssport Nummer eins ist.

Aus Spaß wird im Lauf der Zeit Ernst. Norman und Arndt wollen beim großen Volksfest Naadam als Ringer gegen die Mongolen antreten. Dazu lassen sie sich bei einer mongolischen Schneiderin das traditionelle Sportzeug schneidern. Bunte Slips und halbe Leibchen, quer geschnitten wie enge Westen. An den Hosen und Westen wird während des Kampfes gezogen und gezerrt, der Gegner in die Luft gehoben und zu Boden gerissen. Wer zuerst mit einem Körperteil außer den Schuhsohlen die Erde berührt, hat verloren.

Bei den Kämpfen im Camp sind Arndt und Norman auch mal die Gewinner, aber beim Naadam haben sie weniger Glück. Im K.O.-System scheitern beide in der ersten Runde.

»Ich trat an als ›Dorf-Elefant‹, kroch aber als Maus vom Feld!«, notiert Arndt im Tagebuch, ohne zu vergessen, dass er dennoch viel Applaus geerntet hat.

Norman trainiert mit Batgaa am Kholboo Nuur.

Batgaa und Bazogt legen Arndt das Ringerkostüm an.

Arndt begrüßt die Kampfrichter und das Publikum.

Die Kampfrichter des Naadam. Da das Alter in der Mongolei hoch geehrt und mit Weisheit verbunden wird, sind die Kampfrichter oft die Dorfältesten.

Der Adler-Tanz bleibt traditionell dem Sieger vorbehalten.

Norman nimmt in Bogd am Naadam-Turnier in der Disziplin Ringen teil.

Das Volksfest, mongolisch »Naadam«, besteht aus den drei Disziplinen: Ringen, Bogenschießen und Reiten.

In der Disziplin des Reitens nehmen hauptsächlich Kinderjockeys teil.

SELBSTBEWUSST

Auf dem Boden im Sand der weiten Steppe haben vier Mongolen eines der Begleitpferde der Süd-Karawane auf die Seite gelegt. Das linke Auge des Tieres ist zugeschwollen und voller Maden. Irgendjemand hat Anne, die 25-jährige Studentin der Tiermedizin, zu Hilfe gerufen. Mit Kochsalzlösung und Einmalkanüle mischt sie sich in die Gruppe der Mongolen. Sie will das Auge des Pferdes auf ihre Weise reinigen. Die Mongolen lehnen ab.

Hatten sie sie gerufen? Oder wer? Tschingun – Dolmetscher der Südroute, lebt seit langem in Deutschland – versucht zu vermitteln. Vergeblich. Die Mongolen zürnen ihm. »Ihr müsst akzeptieren, dass sie es so machen wollen, wie sie es schon immer gemacht haben!«, belehrt er Anne. Anne wehrt sich: »Das ist doch Brackwasser. Und dann noch Benzin ins Auge. Und Dreck.« Tschingun wird heftig: »Lasst uns unsere eigenen Fehler machen. Vielleicht lernen wir auch daraus. Die Mongolei gehört uns, und da lassen wir uns nicht reinreden. Und für unsere Pferde tragen wir auch die Verantwortung!«

Sie sind schon stur. Und von Frauen, dazu noch fremd und überhaupt so jung, lassen sich die Mongolen ohnehin nur ungern etwas sagen.

Zwei Tage später sind die Maden im Auge des Pferdes verschwunden. Das Auge geheilt.

Unsere Karawanenteilnehmer nehmen das Gastrecht bei Familie Namjilsuren in Anspruch – das heißt: Alles, was die Gastgeber anbieten, muss gegessen werden.

HAMMEL ODER NUDELN MIT TOMATENSAUCE

Wenn ein Schaf oder eine Ziege geschlachtet ist, ist die Arbeit der Männer getan. Mit Wassereimern gehen nun die Frauen ans Werk. Därme werden gereinigt, die Innereien in einen Topf für den Sud sortiert, das Fleisch grundsätzlich mit Knochen in große Stücke zerteilt. Die Mongolen essen bis auf die Gallenblase alles, was die Tiere hergeben.

Wenn die Nomadenfamilie für den Reisenden das Schlachten und Zerteilen übernimmt, überlässt man Fell, Kopf und Pfoten aus Dank und Höflichkeit den Gastgebern, denn so verstehen sich die Mongolen, auch wenn sie aus europäischer Sicht in diesem Fall eher Handelspartner sind.

Für Nasti und Gisa ist die mongolische Küche allerdings äußerst gewöhnungsbedürftig. So richtig gewöhnen werden sie sich die gesamte Reise über nicht an die von Fleisch und Innereien geprägte Kost. Während ein kleines Nomadenkind herzhaft in die von Fett triefende Hammelkeule beißt, bevorzugen Gisa und Nasti die Kartoffeln oder Nudeln aus der mit Fleisch gefüllten Schale. Als unhöflich und verschwenderisch gilt es allerdings, wenn die Knochen nicht bis auf den letzten Rest abgenagt werden.

Dort, wo sich die Karawanen niederlassen, gibt es für die Mongolen immer etwas zu schauen. So ergeben sich viele Begegnungen und auch gegenseitige Einladungen zum Essen. »Und Nudeln mit Tomatensauce schmecken doch wohl allen Kindern auf dieser Welt«, denkt das Team im Süden. Weit gefehlt! Wie Nasti oder Gisa bei einem gemeinsamen Festmahl lustlos im Hammelfleisch stochern, so reichen die mongolischen Kinder mit verzogenen Gesichtern die Hand voll Nudeln mit Tomatensauce nach kurzem Probieren an ihre deutschen Gastgeber zurück. Und greifen entschieden in die Schüssel mit den Hammelkeulen.

Miga, Manda, Batgaa und Werner verarbeiten die erste geschlachtete Ziege. Geschlachtet wird nur, wenn Bedarf besteht. Das Schlachten ist eine Ehre für denjenigen, der das Ritual durchführt. Norman lernt das erste Handwerkszeug: das Zerlegen einer Ziege.

Tsetsegee kocht Tee.

MONDKALENDER

Ob bei -15° C oder +20° C – bei Nomaden ein Schaf oder eine Ziege zu kaufen, stellt in der Regel kein Problem dar, auch wenn ab und an Hindernisse überwunden werden müssen.

Viele Mongolen leben nach den Gesetzen des Mondkalenders, und da kann es geschehen, dass das Oberhaupt der Familie den Verkauf eines Tieres ablehnt: »Heute ist nicht der Tag.«

Geschweige denn, er duldete es, dass ein Tier an diesem Tag geschlachtet wird.

Selbst an geduldeten Tagen gibt es manchmal Probleme. Die Suche nach einem geeigneten Schaf etwa spielt sich inmitten der frei laufenden Herde ab. Da rennen alle Männer kreuz und quer und tasten ihre Tiere ab. Unehrenhaft ist es, ein Tier zu verkaufen, das nicht fett genug ist. Da kann es schon vorkommen, dass ein Kauf scheitert.

Das Schlachten selbst vollzieht sich nach einem lang tradierten Ritual. Arndt, dem 31-jährigen Kaufmann, fällt es eigentlich nicht schwer, in wichtigen Momenten Verantwortung zu übernehmen. Freudestrahlend schleppt er eine große, kräftige Ziege ins Südcamp. Er will sie selbst schlachten.

Es bringt Unglück, so glauben die Mongolen, wenn auch nur ein Tropfen Blut in die Erde dringt. Zwei, meistens aber drei oder vier Männer drücken das Tier fest auf den Rücken, ein schneller kurzer Schnitt in den Bauch und der Arm des Schlachters sucht tief im Körper nach der Aorta und durchtrennt sie mit den Fingerspitzen. Das Blut des getöteten Tieres soll sich im Körperinneren sammeln. Später wird es sorgsam herausgeschöpft.

Angespannt bis zum Äußersten kniet Arndt gemeinsam mit Karawanenführer Bazogt über der Ziege, seinen rechten Arm tief im Körper des Tieres: »Ist sie tot?« Bazogt schüttelt den Kopf. Arndts Atem stockt, er zittert. Schließlich überlässt er es dem Mongolen. Nach wenigen Sekunden ist die Ziege tot.

In den meisten Fällen ein völlig unblutiger und wenig dramatischer Vorgang. Dramatisch war das Erlebnis nur für Arndt. Aber später hat auch er sich ans Schlachten gewöhnt.

Werner feiert Geburtstag im Kreise seiner Mitstreiter.

Lichtspiele der Abenddämmerung

Alltag in der Karawane

OHNE HANDY UND OHNE LAPTOP

Wo immer man durch die Hauptstadt Ulaan Baatar schlendert, bieten Männer wie Frauen einen speziellen Telefonservice an. An Straßenecken, auf Bürgersteigen, in Parks halten sie auf kleinen Tischchen oder nur in ihren Händen recht klobige und für europäische Verhältnisse eher altmodische Telefonapparate parat. Sie werden eifrig genutzt, auch wenn hier und da ein Handy klingelt, das den Einzug der modernen Kommunikationstechniken signalisiert. Das mongolische Telefonnetz ist längst nicht flächendeckend ausgebaut, geschweige denn die Funknetze für den Handy-Empfang.

Während der Karawane haben die Reisenden auf jegliche Kommunikationsmittel wie Handy oder Satellitentelefon, Laptop oder Pocket-PC verzichtet. Als die Südtour durch die kleine Provinzstadt Bayanlig mit Kindergarten, Schule und Krankenhaus zieht, fällt Anne und Gisa eine riesige Satellitenschüssel auf. Ein Telegrafenamt mit Telefonanschluss. Arndt überlegt erst, ob es gut ist, »jetzt, wo alles zuhause in Deutschland so weit weg ist«, zu telefonieren. Tschingun erkundigt sich, ob Verbindungen nach Deutschland überhaupt möglich sind. Arndt und Anne diskutieren noch über das ›wenn und aber‹, da ruft Tschingun Arndt ins Posthäuschen, seine Verbindung sei schon angemeldet.

Schweren Schrittes betritt er den Telegrafenraum. In einer Ecke hinter einem hölzernen Tresen sitzt ein freundlicher Mongole vor einer Schalttafel mit unzähligen Kontaktsteckern. Das alles erinnert eher an eine Funkstation in einem U-Boot der 50er Jahre.

Die Schnur des Telefonhörers ist nicht mehr als einen Meter lang. So hängt Arndt gebeugt über dem Holztresen, während sich seine Mutter aus Recklinghausen meldet. Ihm gehe es gut, sagt er, dass er seine Freundin Anke lieb habe, und schon erstickt seine Stimme. Unter Tränen lässt er noch »den Papa« grüßen. »Dann Tschö also!« Er reicht den Hörer dem lächelnden Mongolen zurück, während ihm Bazogt, der Karawanenführer, freundschaftlich auf die Schulter klopft und Norman als Nächster den Hörer in die Hand gedrückt bekommt. »Ich bin völlig aufgelöst. Ohne Worte zu verlieren gehe ich nach draußen und versuche mich zu sammeln«, notiert Arndt ins Tagebuch.

Als Norman aus dem Telegrafenamt tritt, stehen sich beide mit Tränen in den Augen gegenüber, ziehen sich wortlos in eine stille Ecke zurück. »Schließlich trinken wir zu zweit heimlich eine kleine Dose Bier. Und das Lachen kehrt zurück.«

Kamele in der Morgendämmerung: Die treuen Begleiter werden nachts nicht einmal angeleint.

Die Kamelführer posieren stolz mit zwei Siegerpferden des Naadam, denen sie auf ihrer Karawanentour begegnet sind.

Die Pferdekopfgeige, eine zweisaitige Kniegeige, darf einer uralten Legende zufolge nur von Männern gespielt werden.

Abenddämmerung im Camp

KAMELHAAR GEGEN MOTORÖL

»3 Säcke Mehl, 1 Sack Reis, ½ Kiste Äpfel, 4 Päckchen Tee, 5 Tüten Trockenobst: Erdbeeren, Bananen, Ananas, Kiwi, Gewürze, Erdnüsse, 2 Stücke Käse, Salz, Zucker, Trockenfleisch.« Dazu notiert die Südkarawane weiter in ihr Tagebuch: »Lebensmittel für eine Woche.« Für 13 Menschen, sieben Mongolen und sechs Deutsche, nicht gerade üppig. Wasser müssen sie sich aus Quellen oder Flüssen holen, es filtern und gut abkochen.

Um Fleisch zu kaufen, müssen sie handeln oder bar bezahlen. Allerdings verfügt jede Karawane umgerechnet nur über 400€. Selbst in der Mongolei für 13 Personen für eine Zeit von gut zwei Monaten knapp bemessen.

So gehört zur Ausstattung der Karawanen Handelsware zum Tausch: Lederschuhe, Lederstiefel, Seide, Jeans, T-Shirts, Ersatzteile für Motorräder wie Batterien, Schläuche oder Reifen, auch Seife, Waschpulver, Streichhölzer, Zigaretten, Pfeifentabak, Schnupftabak, Salz, Zucker, Mehl, Zahnpasta, Haarspangen, Knöpfe und schließlich noch Taschenmesser und Holzsättel.

Sie müssen nie lange warten. Wenn sie ein Camp für ein, zwei oder drei Tage aufgeschlagen haben, kommen wie aus dem Nichts oft ganze Familienclans auf Motorrädern, Pferden oder zu Fuß zum Lager – entweder um nur zu schauen, was da los ist, oder um zu handeln. Auch ohne Telefon und Handy spricht sich in der scheinbar unendlichen Weite des Landes unter den Nomadenfamilien so gut wie alles ziemlich rasch herum.

Einer braucht für sein Motorrad eine neue Batterie und für sein Pferd einen Holzsattel. Dafür bietet er ein Schaf. Ein Schaf ist etwa 60 000 Tugrik wert, also um die 40€. Ein Handel zugunsten der Karawane, die dem Mongolen noch Batterieöl dazugibt.

Ein anderer braucht ein Paar Stiefel, fünf Kilo Salz und ebenfalls einen Holzsattel. Er bietet dafür zwei Kilo Kamelhaar im Wert von 20€. Für weitere zwei Kilo Kamelhaar tauschen sie Seide, die eine Mongolin zum Schneidern eines Deels, ein langer mongolischer Mantel, erstehen möchte. Die Südgruppe wird später versuchen, das Kamelhaar gut zu vermarkten. Bazogt, Kamelkenner, erklärt, die Deutschen hätten ein gutes Geschäft gemacht. Die Mongolen allerdings hätten sich weite Reisen zu Märkten in entlegenen Orten erspart. Ein Handel also zur allgemeinen Zufriedenheit.

Der Aufbau des Camps beginnt.

Dünen im Gurvan Tekhiin Khooloi, Südgobi

Der Lauf des Orkhon Gol,
aus der Luft aufgenommen

Hochebene bei Bayankhongor

PANORAMEN

Der Zauber der Mongolei

»Das Paradies ist kein Ort, an den du gehen kannst, kein Ort, den du suchen kannst, sondern ein Augenblick, der sich so tief in Deine Seele brennt, dass er für immer währt.«

Dieses Zitat, dass der junge Banker Norman ins Tagebuch der Karawane schreibt, könnte auch das Leitmotiv dieser ungewöhnlichen und einmaligen Reise durch die noch weithin unbekannte Mongolei sein.

»Ich habe ziemliches Fernweh, obwohl ich gerade erst von einer großen Reise zurückgekehrt bin«, schreibt er in seiner Bewerbung für das Karawanen-Projekt. Ein Globetrotter, der nur das Abenteuer sucht? Mitnichten. Er ist nachdenklich, häufig in sich gekehrt, einer, der den Kontakt zu Menschen sucht, wo immer sie auch leben mögen.

Wie viele dieser paradiesischen Augenblicke Norman und seinen Karawanenfreunden unvergesslich bleiben werden, davon vor allem erzählen auch die Fotografien dieses Bildbandes.

Die Nordroute

Hoch im Norden, nahe der russischen Grenze, zieht eine zweite Karawane vom idyllischen, selbst Ende Mai noch stark vereisten Khuvsgul See in Richtung Karakorum los. Dort werden sich beide Karawanen nach zehn Wochen und jeweils 750 Kilometern treffen, ihre Erfahrungen und Erlebnisse einer ungewöhnlichen Reise austauschen.

Über Khatgal, Murun, Bayantsagaan, Tsetserleg und Altan Ovoo wollen sie das Ziel erreichen, werden hohe Berge passieren , durch weite, Kilometer lange Täler laufen, kalte Flüsse, schlammige Bäche queren.

Wie im Süden sind auch sie ein Team von sieben Mongolen und sechs Deutschen. Nur reisen sie mit 13 Yaks, mongolischen Rindern, von denen sechs hölzerne Zugkarren ziehen. Im gebirgigen Norden sind die Yaks zuhause. Für Kamele einfach unwirtlich.

Auch im Norden im Gepäck: Lebensmittel für die erste Woche, Handelsware und 600 000 Tigrik, etwa 400 €.

So verschieden sie sind, nehmen Catrin, Christian, Kirsten, Lena, Manfred und Oliver zum Ende ihrer Reise zumindest eine gemeinsame Erfahrung mit nach Hause: »Das Gemecker ist so klein, obwohl die Mongolen ein stressiges Leben haben. Sie haben andere Ansprüche und verfolgen andere Ziele als wir, die wir oft so griesgrämig sind!«

Und schreiben ins Tagebuch: »Unsere Welt sind die Berge – in der Mongolei wohlbemerkt.«

Der Ideriin Gol (Ideriin Fluss) nördlich von Jargalant

Allgegenwärtig ist im Norden das Yak, das hier anstelle des Kamels als Lastentier genutzt wird.

Der größte See des Nordens: Khovsgol Nuur (Khovsgol See)

YAKS

»Wir müssen drei bis vier Tage pausieren«, ruft Tuul dem Treck der Nordkarawane zu, als wieder ein Yak unter dem Joch eines Zugkarrens zusammenbricht. Das Joch, ein gebogenes dickes Stück Holz, reibt unter der schweren Last der Wagen die Nacken der Tiere wund. Anfangs hat Taywan, der Yaksführer, die bis auf die Haut blank gescheuerten Stellen mit Schmieröl und Schmierfett eingerieben und mit Filzfetzen provisorisch bedeckt – zurechtgeschnitten aus den Isoliermatten einer Jurtenwand. Dennoch, das drückende Gewicht der Zugkarren, ob die Yaks sie bergauf, bergan, durch schlammige Flüsse oder über steinige Pfade ziehen, lässt sie buchstäblich in die Knie gehen.

Nicht nur ein Problem für die Karawane, die in der Zeit bleiben will, um rechtzeitig Karakorum zu erreichen. Zum Treffen mit der Südroute. Besonders Taywan sorgt sich um die Gesundheit seiner Tiere, die er der Karawane für den 750 Kilometer langen Treck sozusagen ausgeliehen hat. Die 13 Yaks sind unter anderem die Lebensgrundlage für seinen Familienclan. Wie überhaupt viele Nomaden mit Yaks und Rindern ihr Einkommen bestreiten.

Taywan erzählt auch, dass es für kommende Generationen sehr schwer werden wird, sich als Viehzüchter durchs

Leben zu schlagen: »Unser Weideland wird immer knapper, die Böden versanden, Wasser fehlt«, fasst er kurz und bündig zusammen. Für Nomadenfamilien, die sich Yaks lediglich zur Selbstversorgung halten, mag das Problem geringer sein, aber für ihn als Viehbauer gelten andere Bedingungen: die Vermarktung der Milch, die Herstellung von Käse und Butter, der Handel mit der Wolle der Yaks. Faktoren, die auch im Nomadenleben mehr und mehr den Alltag bestimmen.

Öfter als früher, betont Taywan, müssten sie im kurzen Sommer von Juni bis September ihre Jurten auf- und abbauen, um ihren frei weidenden Herden nachzuziehen. Zudem liebe das Yak die Berge, auch das Hochgebirge, möglichst abgelegen, vorausgesetzt, es findet »ausreichend Futter«. Ausreichend Futter? Batlaar, der Karawanenführer, ergänzt, dass in der Mongolei über 30 Millionen Tiere leben, davon mehr als zwei Millionen Yaks und Rinder.

Bei 2,5 Millionen Einwohnern! Allein 800 000, also ein Drittel, wohnen in der Hauptstadt Ulaan Baataar. Und dennoch scheint es in der unermesslichen Weite des Landes immer enger zu werden für die Nomaden, auch wenn rein rechnerisch die Mongolei zu den am dünnsten besiedelten Ländern der Welt gehört: zwei Einwohner pro Quadratkilometer. In Deutschland sind es weit über 200.

In den Wäldern des Nordens kann man auf Nomaden treffen, die in Tipis leben. Ihren Lebensunterhalt sichern sie sich mit der Zucht von Rentieren.

Nach langen Diskussionen zwischen den Mongolen und Deutschen, wie es mit den stark belasteten Yaks im wahrsten Sinne weitergehen soll, verhandelten sie mit Taywan einen Austausch der Tiere. Für drei Yaks, die Taywan erst in einem mehrtägigen Ritt aus seinem 90 Kilometer weit entfernt liegenden Sommerquartier zur Karawane führen muss, legt die Nordgruppe 180 000 Tugrik auf den Tisch, das sind umgerechnet 120 €. Vier Wochen vor Ende der Tour reißt das ein großes Loch in den Etat. Was das Essen angeht, werden sie sich einschränken müssen, jagen oder fischen gehen, um sich nicht nur von Nudeln, Reis, Kartoffeln, Käse und Trockenfleisch ernähren zu müssen.

Als Taywan schließlich wieder zur Karawane stößt, ist der Jubel groß. Allerdings verklingt er rasch, als Taywan verkündet, er müsse umgehend wieder nach Hause zurück, sein Vater, das Oberhaupt der Familie, sei schwer erkrankt. Der zwar strenge, aber auch sehr umsichtige Yaksführer hat sich im Norden großen Respekt verschafft.

Und so verwundert es nicht, dass er seinen Neffen Gamba gleich mitbringt, um die Lücke, die er hinterlassen wird, zu schließen. Der Abschied fällt herzlich aus, zumindest zwischen ihm und den Männern im Team. Dass Frauen bei einem solchen Treck mitziehen, war ihm ohnehin immer sehr suspekt.

Jagd auf
frei lebende Pferde

GUJLGECH

Für die 21-jährige Lena ist es ein einmaliges Erlebnis, zumal es nur in den Sommermonaten zu beobachten ist: das Melken der Stutenmilch. Eine langwierige Prozedur, bei der die Fohlen über den Tag verteilt immer wieder angehalten werden, den Milchreflex der Stuten durch kurzes Säugen auszulösen. Bevor die Fohlen den Rest aus dem Euter saugen dürfen, melken die Frauen – es ist ausschließlich ihre Aufgabe – etwa einen Liter ab. Christian, der als Hobby Viehzucht betreibt und seine Tiere von der Geburt bis zum Schlachten betreut, hat es sich nicht nehmen lassen, einen Eimer Stutenmilch – unter Anleitung natürlich – selbst zu melken.

»Gujlgech!« heißt übersetzt »Er lässt mich rennen!«. Und was den Mongolen so laufen lässt, ist Airak. Vergorene Stutenmilch mit einem Alkoholgehalt zwischen fünf und sieben Prozent. Ein Getränk, das fast umgehend nach seinem Genuss die Verdauung oder freundlicher ausgedrückt den Stoffwechsel anregt. Er stärkt auch die Abwehrkräfte, was bei der meist sehr einseitigen Ernährung der Nomadenfamilien die wichtige Vitaminzufuhr regeln kann.

Um Airak herzustellen, muss die Milch gestampft werden. 5000 Mal in der Regel, damit er auch richtig gut schmeckt. Eine Arbeit für die Frauen und Kinder, auch wenn jeder Besucher der guten Sitte wegen beim Stampfen für kurze Zeit mithilft.

Selbstverständlich, dass Lena und Christian in der Jurte der Nomadenfamilie auch Airak kosten dürfen. In Gesellschaft: »Beim Genuss von Airak, Wodka oder Schnupftabak ist die mongolische Frau absolut gleichberechtigt«, schreiben sie ins Tagebuch und erzählen, dass der Abend noch sehr fröhlich wurde, als sich eine »Schar junger Frauen mit einer 10-Liter-Kanne Airak und diversen Marmeladengläsern voller Wodka« zu ihnen gesellten.

In der Mongolei gibt es die letzten wilden Pferdehorden.

Ein wildes Pferd wird eingeritten.

Der mongolische Sattel ist aus Holz und oft kunstvoll verziert.

NACHTSCHICHT

Yaks sind eigenwillige Tiere, die sich gern und das auch häufig von vorgesehenen Lagerplätzen entfernen, um dort zu grasen, wo es ihnen gefällt. Sie werden zwar nachts angebunden, aber nicht immer hilft das wirklich. So richtet sich die Nordroute auf Nachtschichten ein. Für Christian eine willkommene Gelegenheit, die Sprachbarrieren zwischen Deutschen und Mongolen aufzubrechen.

So hockt er dann so manches Mal in tief dunkler Nacht mit Deeme, der seinerseits gern deutsche Wörter lernen möchte, an einem kleinen Tisch, um gemeinsam neue Vokabeln zu pauken.

Fleisch	mach
Brot	talch
Fluss	gol
Berg	uul

Die mongolische Wortbildung und Aussprache sind für den Europäer äußerst schwierig, und es bedarf langwieriger Übung. Hinzu kommt, dass Mongolisch heute hauptsächlich in kyrillischer Schrift geschrieben wird. Allerdings ergeht es Deeme mit der deutschen Sprache nicht anders als Christian mit der mongolischen.

Und weil beide gern schwarz auf weiß besitzen wollen, was sie gelernt haben, tragen sie Wort für Wort, Satz für Satz in ihre Kladden.

Die Stirnlampen auf ihren Köpfen schaukeln dabei gespenstisch in der Dunkelheit.

Ein Jurtencamp am Khovsgol Nuur

Impressionen vom Tekhiin Tsagaan Nuur.

Von Menschenhand aufgetürmte Lavasteine des Vulkans Khorgo am Tekhiin Tsagaan Nuur (Weißer See)

Der Vulkan Khorgo

OVOO

»Die Mongolen reden nicht so viel, sie handeln«, schreibt Arndt in seinem Tagebuch. »Und oft bleiben sie ganz stumm, wenn sie zu Besuch sind«, wundert sich Catrin. »Sie kommen grußlos und gehen auch ohne Abschieds- oder Dankesworte.« Das sei nicht üblich unter den Nomaden, klärt Batlaar sie auf. Sie klopfen auch nicht an oder rufen laut, wenn sie eine Familien besuchen, sie gehen einfach rein in die Jurte und setzen sich. Da meistens Hunde um die Jurten lagern, kündigen sie mit ihrem Gebell ohnehin jeden Besuch lauthals an.

Die Nomaden begründen auch nicht jeden Schritt, den sie machen. So passiert es, dass die Karawanenführer wie aus heiterem Himmel den ganzen Treck stoppen, vom Kamel, Pferd oder Yakkarren steigen, um mehr oder weniger groß aufgetürmte Steinhaufen mehrmals zu umrunden.

Aber Batlaar, der Karawanenführer, wäre nicht Batlaar und erfahren genug mit den neugierigen Menschen aus Europa, wenn er sie nicht aufklären würde: »Das ist ein alter schamanischer Brauch.« Nimmt drei Steine und wirft sie auf den Haufen, während er im Uhrzeigersinn dreimal drum herum läuft. »Das soll uns Glück bringen auf unseren Wegen und vor Unheil schützen.«

Es liegen aber nicht nur Steine auf dem Ovoo, so nennen die Nomaden diese überall in der Landschaft zu findenden Kultstätten – vor allem im Norden, wo neben dem Lamaismus noch sehr stark dem Schamanismus gehuldigt wird. Da türmen sich Krücken neben Schädelknochen von Tieren, leere Wodkaflaschen neben Münzen und Geldscheinen, Bierdosen neben Teebeuteln, Dankes- und Opfergaben.

Mittendrin das blaue Band der Freude, des Glücks, der Zuneigung und der Liebe.

Das karge Lavagebiet um den Khorgo

*Eine Kultstätte – der Ovoo.
Er verkürzt die Entfernung
zwischen Erde und Himmel.*

Impressionen des Passes und der Hochebene bei Jargalant

Die Karawane durchquert den Gunjin Davaa (Gunjin Pass).

Licht und Schatten:
Das Gebirge bei Jargalant

Der Norden der Mongolei – ein steter Wechsel von Pässen und Tälern, hier der Pass zwischen Murun und Suun Nuur (Suun See).

DER KAMPF MIT DER JURTE

»Also, ich glaube, wir sind nicht viel besser als vor sieben Wochen.« Eigentlich müsste es Routine sein, aber dennoch mäkelt Christian so vor sich hin, als hätten sie die Jurte nicht schon Dutzende Male aufgebaut, sondern erst ein- oder zweimal. »Ne, ich denk, wir sind schon besser. Wir erkennen unsere Fehler!«, erwidert Oliver lakonisch.

Die Jurte – mongolisch Ger – ist eine Art Rundzelt mit einem hölzernen Innengerüst, einer aus Leinen gewebten Außenhülle, isoliert mit dicken Filzmatten, rundherum festgezurrt mit geflochtenen Tauen, die heutzutage auch von modernen Spanngurten ersetzt werden. Vom Zeltfirst hängen über der Außenplane oft lange Stricke mit schweren Steinen herab, um die Jurte zu stabilisieren und so vor starken Stürmen zu schützen.

Das Grundgerüst besteht aus mehreren hölzernen Scherengittern, die nicht zusammengesteckt, sondern mit einfachen Bindfäden verknotet werden. Je nach Größe der Jurte bilden fünf bis acht solcher Gitter den Rundbogen des Ein-Raum-Zeltes, in dem nicht selten acht- oder zehnköpfige Familien wohnen, essen, feiern und schlafen.

Wenn die Mongolen den Deutschen beim Auf- oder Abbau helfen, improvisieren sie gern. Wenn Deeme beispielsweise noch am Vortag darauf besteht, dass die Fäden lang genug nach unten zu binden seien, begnügt er sich am nächsten Tag mit einem sehr viel kürzeren Stück. »Was lernen wir daraus auf Mongolisch? Auch wenn die Schnur zu kurz ist, reicht sie!«, flachst Christian bei aller deutsch-mongolischen Freundschaft, die beide nach wochenlanger Karawane verbindet.

Der Boden der Jurte ist häufig die bloße Erde aus Sand oder Gras, manchmal bedeckt mit Teppichen oder Holzplatten. In den Dachkranz werden 40 bis 80 Holzstangen gesteckt, die wiederum einzeln an den Scherengittern mit Lederriemen verknotet werden. Der Dachkranz wird von zwei stabilen Holzsäulen getragen und bildet die Mitte des Gers. Zwischen den Säulen wird später der Jurtenofen stehen, der zum einen bei Bedarf das Zelt beheizt und zum anderen als Kochstelle dient, die allerdings nur Platz bietet für einen großen Kessel, in dem alle Speisen zubereitet werden. Einmal ist es das Ziegengulasch, dann sind es die sehr beliebten und fast täglich in heißem Fett gebackenen, mit Hammelhack gefüllten Teigbällchen oder auch verschiedene Suppen. Natürlich darf neben selbst gemachten Nudeln Hammelfleisch nicht fehlen.

Im Sommer versetzen die Nomaden der Tiere wegen oft mehrmals ihre Gers, wenn die Weiden nicht mehr ausreichend Futter bieten. Für den Winter suchen sie für sechs bis acht Monate einen vor allem vor Kälte und Wind geschützten Standort. Für einen Umzug benötigt eine mehrköpfige Familie mit Ab- und Aufbau maximal eine Stunde. Christian und Co im Norden oder Arndt und Co im Süden ließen sich da für den Auf- oder Abbau auch schon mal mehr als doppelt so viel Zeit ... Was dazu führte, dass sie von den drei mitgeführten Gers gleich in der ersten Woche jeweils eins verkauften beziehungsweise tauschten. Im Norden gegen eine Ziege und drei weitere Holzkarren; im Süden gegen Bares.

Kirsten greift durch: Was nicht passt, wird passend gemacht.

Der erste Jurtenaufbau nach der Ankunft am Ausgangspunkt der Karawane am Khovsgol Nuur

Oliver nimmt in der Disziplin Bogenschießen am Naadam teil.

In der Disziplin Bogenschießen treten auch Frauen an.

Traditioneller Kopfschmuck beim Naadam

MITTEN INS HERZ

Es ist nicht ohne Hintersinn, als sie Oliver zum 37. Geburtstag Pfeil und Bogen schenken. Selbstverständlich einen typisch mongolischen Bogen, der in mehreren Schichten hauptsächlich aus Knochen, Horn, Sehnen und Tierhäuten verleimt ist. Auch hierzulande unter Bogenschützen eine begehrte Rarität. Oliver, der beherzte Hauptmann der Reserve, der sich bereits als »Taube aus Unterhaching« tapfer einem mongolischen Ringkampf gestellt hat, zögert nicht einen Moment, als ihn das Nordteam drängt, mit Pfeil und Bogen zum Naadam zu ziehen: ihnen zur Ehre in den Wettkampf gegen die Besten der Mongolei. Naadam, nicht irgendein Fest. Das Volksfest in der Mongolei schlechthin. Gefeiert Anfang Juli: in der Hauptstadt Ulaan Baataar, den Provinz- und Kreisstädten, aber auch weit draußen in der einsamen Steppe, wo sich die Menschen dann aus allen Himmelsrichtungen der Region meist für zwei Tage versammeln und feiern. Es wird gegessen – natürlich Hammel. Es wird getrunken – natürlich Airak und Wodka. Unter anderem.

Wer auf sich hält, lässt seine Pferde über die Steppe galoppieren. Über Strecken zwischen zehn und 40 Kilometern. Die Zuschauer stehen nicht nur am Rand und schauen zu, viele reiten ebenso im Galopp nebenher. Geritten werden die rassigen Pferde von Kindern. Die Jüngsten sind gerade mal 6, die Älteren gerade mal 12. Im engen, steil geschnittenen Holzsattel stehen sie fast aufrecht in den Steigbügeln oder reiten ganz ohne Sattel links oder rechts über das Pferd hängend dem Ziel entgegen. Und das kilometerweit.

Ringen ist in der Mongolei Volkssport Nummer eins. Wie bei uns der Fußball bewegt hier der Ringkampf die Emotionen. Und wer inmitten der Steppe vor seiner Jurte eine Satellitenschüssel stehen hat, wird die Ringkämpfe zum Naadam in der Hauptstadt ganz sicher nicht verpassen wollen. Da drängen sich schon mal mehrere Dutzend Männer und Frauen in einer engen, knapp 10 Quadratmeter großen Jurte vor dem Fernseher.

Und ohne Bogenschießen wäre selbst in der entferntesten Provinz ein Naadam eben kein Naadam.

In seinem mongolischen Deel mit heimischer Viehzüchtermütze zielt Oliver angespannt wie sein Bogen auf kleine runde Ledersäcke. Nicht größer als eine halbe Getränkedose, in langen Reihen dreifach übereinander gestapelt. 75 Meter entfernt. Die ersten Pfeile landen meterweit vorm Ziel. »Mist!« Die Deutschen wie Mongolen geben ihm Tipps, muntern ihn auf. Im direkten Wettstreit kämpft er gegen eine groß gewachsene Mongolin. Sie wird später siegen. Für Oliver geht es erst einmal darum, überhaupt zu treffen. Null für Null fügen die Kampfrichter neben seinem Namen in ihre Kladden. Mit ernsten, fast unbewegten Gesichtern.

Dann Jubel. Oliver trifft zum ersten Mal. Ein ledernes Knäuel fällt vom Stapel. Fünf lange Stunden Konzentration, dann wird ausgezählt. Platz fünf für Oliver. Eine Urkunde, 5000 Tugrik und viel Lob von den vor Freude strahlenden Kampfrichtern. »Du gehörst jetzt zum Club der mongolischen Bogenschützen!«, übersetzt Tuul. »Eine große Ehre.«

Oliver bedankt sich sichtlich gerührt: »Vielleicht komme ich 2006 wieder!« Tuul lächelt: »Du hast die Herzen der Mongolen erobert!«

Zuschauer beim Naadam

Zwischen der Kleinstadt Khatgal und Alag-Erdene Soum (Alag-Erdene Dorf) kauft die Karawane bei Nomaden ein Schaf, um es zu schlachten.

Das Schlachten besteht aus vielen Ritualen, zum Beispiel darf kein Blutstropfen den Boden berühren.

STIEFEL GEGEN FISCHFILETS

»Wir liegen am See. Endlich drei Tage Ruhe. Drei Tage ohne Auf- und Abladen. Sonne und Wasser genießen!«, schreibt die Nordroute nach knapp vierwöchigem Marsch ins Tagebuch. Allerdings stellen Kirsten und Lena auch fest, dass die Lebensmittelvorräte mal wieder zur Neige gehen. Vor allem die »besonderen Leckereien« seien verbraucht.

So ziehen Catrin und Christian mit Tuul zum Fischen. Zunächst versucht sich Tuul und schlägt beinah beim Auswerfen der Angel ein Loch ins Boot. »Du sollst die Fische nicht erschlagen!«, lacht Christian, der allerdings auch nicht mehr Glück hat. Am Blinker sollte eigentlich ein Hecht zappeln. Nichts da! Tang, etwa einen Meter lang, hat sich im Haken verfangen. »Ganz gut für den Anfang!«, gibt Tuul trocken zurück.

Schließlich angeln sie einige kleine Fische, die aber die Gruppe nicht satt machen werden. Auf dem Rückweg zum Camp begegnen sie einer Mongolin, die ihnen frisch gebratene Fischfilets anbietet. Sie handeln. Das Ergebnis: ein Paar Stiefel im Tausch gegen 30 Fischfilets. Ein Festessen, das zwei Tage lang reicht. »Nach Wochen mit Trocken- und Dosenfleisch, Hammel und Ziegenbock ist dieser Fisch, eine Art Hecht, etwas Wunderbares.«

Die klaren Seen des Nordens sind fischreich und bieten auf dem Speiseplan der Karawane Abwechslung.

Karawanenführer Batlaar heizt in der Mittagspause den Ofen an.

Handwerkliches Geschick und Geduld sind im Karawanenleben immer wieder vonnöten.

NACHBARN AUF ZEIT

Lena, Christian, Kirsten, Catrin, Manfred und Oliver haben nach mühsamen Wegen, die sie tagelang über steile Pässe, durch schlammige Flussbetten, in dichte Wälder führen, endlich drei lange Ruhetage, die sie in einem satt grünen Tal vor Murun zum Ausspannen nutzen wollen. Rein zufällig ein Wochenende.

Am Samstag gegen Mittag queren zwei Kleincaravans das Tal und halten in unmittelbarer Nähe. »1,2,3«, fängt Kirsten zu zählen an und hört bei 16 auf, als sich immer noch Frauen, Kinder und Männer aus den beiden Autos schälen.

»Tuul?«, fragen sie ihre mongolische Dolmetscherin, »kennst du die?« – »Natürlich!«, gibt Tuul zurück und lacht: »Alle zweieinhalb Millionen Mongolen kennen sich.«

Während Mongolen in der Regel keinerlei Probleme haben, auf Fremde zuzugehen, sich wortlos zu ihnen zu setzen oder auch nur stehen bleiben, um ihnen zuzuschauen, zögern die Deutschen, ihre ›neuen Nachbarn‹ zu begrüßen, die inzwischen begonnen haben, Zelte aufzubauen.

Wie sich später herausstellt, sind es neun Ringer mit ihren Familien. Die Männer wollen sich zwei Tage lang auf das große Volksfest vorbereiten – Naadam. Ringen ist in der Mongolei so populär wie hierzulande Fußball. So staunen die Reisenden nicht schlecht, als Tuul ihnen verrät, dass unter den Ringern aus Murun zwei der Besten des Landes sind, Stars wie Olli Kahn oder Michael Ballack in Deutschland.

Oliver, der 35-jährige Hauptmann der Reserve, lässt sich nicht zweimal bitten und tritt an zum Ringkampf: »Wenn das der ›Löwe von Murun‹ ist, dann bin ich die ›Taube von Unterhaching‹«, ruft er lachend und trabt in seiner kurzen Boxershort auf seinen Gegner zu. Es verliert, wer zuerst mit einem anderen Körperteil als den Fußsohlen den Boden berührt.

Der Kampf dauert ganze fünf Sekunden. Oliver liegt am Boden und staunt.

Alltag in der Karawane

Eine Unwetterfront zieht heran und zwingt die Karawane, ihre Habseligkeiten regenfest zu verstauen.

Momente der Entspannung

STURMNACHT UND EDELWEISS

»Schaffen die das? Vor allem die Frauen? Zwei Monate lang?«, zweifeln Batlaar und Deeme, als sie zum ersten Mal die deutschen Teilnehmer sehen.

»Sind die aber ernst! Sehen die aber streng aus!«, denken Lena und Kirsten bei der ersten Begegnung im hohen Norden am Khovsgol-See nahe der russischen Grenze.

Knapp vier Wochen später sind alle Zweifel verflogen. Erdnee, Munko, Taywan und auch Batlaar trotzen gemeinsam mit den ›Langnasen‹, wie die Mongolen die Europäer leicht spöttisch nennen, einem schweren Sturm, bei dem die Zelte wegzufliegen drohen, die Yaks zwar angeleint sind, aber derart an den Seilen zerren, dass niemand so recht zur Ruhe kommt. Oliver hat seine Nachtwache, wie von einem Hauptmann der Reserve nicht anders zu erwarten, genutzt, alles, was nicht niet- und nagelfest ist, in Sicherheit zu bringen. Morgens in der Früh kriecht Lena aus dem Zelt und erzählt Manfred, der im Freien versucht bei starken Sturmböen seine Hosen anzuziehen, wie der Wind nachts ihr Zelt auf 30° gegen den Boden drückte.

Catrin, wie stets liebevolle Gastgeberin, ist damit beschäftigt, aus einem runden Brot so etwas wie eine Geburtstagstorte zu kreieren. Kirsten und Lena fädeln auf einen Bindfaden mongolische Bonbons, die es dort zu Zentnern in den kleinsten Ortschaften zu kaufen gibt. Manfred steuert ein Edelweiß bei, das er von einer Bergtour mitgebracht hat – ob es in der Mongolei unter Naturschutz steht, haben sie für diesen Morgen nicht wissen wollen.

Christian versammelt unterdessen den deutsch-mongolischen Geburtstagschor. Tagelang haben sie das Ständchen zu Olivers 37. Geburtstag einstudiert, immer dann, wenn er außerhalb des Camps unterwegs war. Oliver, übermüdet von der nächtlichen Sturmwache, schält sich als Letzter aus dem Schlafsack. Sie hängen ihm die Kette um, überreichen ihm das Geburtstagbrot mit Edelweiß. Noch kann Oliver seine Rührung halbwegs verbergen. Als dann der Chor erst auf mongolisch, dann auf deutsch zu singen anhebt, laufen ihm Tränen übers Gesicht, zieht er sich die Wollmütze über die Augen, schiebt sie wieder hoch auf die Stirn und blinzelt ins Licht der Sonne, die sich langsam durch die Wolken schiebt. Seine Tränen sind noch nicht getrocknet, aber er hat seine Fassung fast zurückgewonnen: »Frauen und Männer!« – ganz Offiziersstimme – »Wie Ihr seht, auch harte Männer werden weich!«

Abends laufen sie in einen kleinen Ort, um Proviant zu kaufen und Olivers Geburtstag ausklingen zu lassen. Es gibt ein Geschäft, ein Restaurant mit Bar: »Es ist toll, nach fast vier Wochen ein erstes Bier zu trinken, zu essen, ohne vorher den Jurtenofen anzuheizen!«, schreibt Catrin ins gemeinsame Tagebuch des 21. Juni. Den Schlussakkord setzen nicht die Deutschen, sondern die Eigentümer des mongolischen Restaurants. In einen riesigen Ghettoblaster schieben sie eine CD und es ertönt »Dschinghis Khan« ...

Die Deutschen singen lauthals mit. Ihren mongolischen Freunden bleibt nur respektvolles Staunen.

Endlich angekommen!

»Das wird nicht gehen!«, sagen die Karawanenführer Batzogt und Batlaar. »Kamele und Yaks vertragen sich nicht. Die Yaks werden sich ängstigen und das Weite suchen.« 60 Kilometer vor Karakorum sollen sich die beiden Karawanen treffen, die letzten Tage gemeinsam zum Mittelpunkt des einstigen, längst sagenumwobenen Weltreiches des Dschingis Khan ziehen. Selbst Taywan, der Yaksführer, und Batgaar, der Kamelführer, sind unsicher, wie viel Ab-stand nötig sein wird zwischen den Tieren. 300 Meter, 400 Meter? Aber wie das in der Mongolei so geht: »Bolno biz dee« – »Es wird schon«! Und das Experiment geht auf. Auf Tuchfühlung laufen 13 Yaks, 13 Kamele, 14 Pferde aufeinander zu, nehmen Witterung auf und ziehen völlig unbeeindruckt zum vorgesehenen Lagerplatz.

Beim Aufbau des gemeinsamen Lagers wird schnell sichtbar, wie unterschiedlich beide Gruppen die zurückliegenden Wochen bewältigt haben. »Der Süden« wirft den Ballast ab von Zugkarren und Kamelen und lässt ihn erst einmal ziemlich verstreut liegen. »Der Norden« geht planvoll vor. Manfred und Oliver bauen eine Jurte auf, Christian und Lena kümmern sich um die Feuerstelle, Catrin und Kirsten bereiten das Abendessen vor.

»Ihr lebt ja immer noch wie die Bundeswehr!«, lacht Arndt. »Wir halten's mongolisch. Wenn wir sagen, wir ziehen um 9 Uhr los, dann wird es garantiert Mittag. Wenn Ihr beschließt, es wird um 7 Uhr gestartet, dann seid Ihr auch um 7 unterwegs.« »Ich hab's halt gern strukturiert«, erwidert Oliver, der Hauptmann der Reserve, packt die nächste Filzmatte und wickelt sie um das Holzgerüst der Jurte. Und wie das eben so ist, gegessen wird später natürlich im Zelt des Nordens.

Bei aller Frotzelei sind beide Teams sich doch einig über die insgesamt sehr erlebnisreiche Abenteuerreise.

So schätzt Norman, der 29-jährige Banker, vor allem »die Atmosphäre« in der Mongolei, die sei »wie in alten John Wayne Filmen«. Für Lena, mit 21 das Nesthäkchen, »ist es ein Geschenk, die Mongolen und ihre Art und Weise zu leben so unmittelbar kennen gelernt zu haben«. Und da schließt sich Manfred, Hauptkommissar im Fränkischen, gerne an: »So einfach und in sich selbst so zufrieden leben zu können. Ein Traum!« Für Werner, den Rentner aus Thüringen »ein Paradies. Eine Natur, so belassen, wie Gott sie schuf. Keine Zäune, keine Mauern, keine Grenzen«. Catrin »genießt eine Freiheit«, wie sie im Tagebuch schreibt, »die so groß ist, dass sie einem schon Angst macht«.

Ein Satz ist für alle gleichermaßen zum geflügelten Wort geworden: »Bolno biz dee« – »Es wird schon«. Catrin führt das etwas näher aus: »Diese Ruhe und Gelassenheit der Mongolen scheint wie Desinteresse oder Ignoranz jedwedem Alltagsproblem gegenüber. Sie leben in den Tag hinein. Die Tiere sind in ihrer Nähe, und das ist ihnen das Wichtigste.« Gisa, die gern Märchen erzählt und das zu ihrer Profession gemacht hat, bringt es so auf den Punkt: »Der Mongole lebt seine Zeit, der Europäer plant seine Zeit.«

Und alle zwölf deutschen Abenteurer nehmen sich vor, etwas von dieser Lebenseinstellung mit nach Hause zu nehmen und sind sich nach zehnwöchiger Reise trotz einiger Entbehrung und nicht wenigen Strapazen in ihrer Empfehlung einig:

»Wer also Sehnsucht hat nach unendlicher Weite, Stille und Einsamkeit, Natur und Frieden, der soll hierher kommen.«

Nastjenka umarmt Manfred herzlich.

Lena, Oliver und Norman sind glücklich, endlich angekommen zu sein.

Der große Moment: das Aufeinandertreffen der Karawanen

Geschafft! Anne trägt Lena ›auf Händen‹.

Catrin und Arndt können es kaum fassen – mehr als 750 Kilometer Fußmarsch liegen hinter ihnen.

Ein letzter Dank bei den Geistern am Ovoo

Abschied!

Das sagenumwobene Karakorum: Die 1220 unter Dschingis Khan erbaute Hauptstadt war im 13. und 14. Jahrhundert Mittelpunkt des riesigen Mongolenreiches.

Heute existiert nur noch Erdene Zuu, das erste buddhistische Kloster in der Mongolei, das 1586 auf und aus den Ruinen Karakorums errichtet wurde.

Wundervolle Stupas, Symbole und Mahnmale der buddhistischen Lehre, zieren die Klostermauer.

Ein junger Mönch im Kloster Erdene Zuu

WIR DANKEN …

… dem Redaktionsleiter und der Redaktion des ZDF:
Heiner Gatzemeier, Jens Monath, Brigitte Weismann-Schmidt

… den Mitarbeitern des ZDF:
Marion Eimer, Marita Winterholer, Christian Gambler, Carola Ulrich und allen weiteren Beteiligten

… den Mitarbeitern der Ziegler Film GmbH & Co. KG:
Hartmut Köhler, Thomas Rohde, Sybille Landskron, Stefanie Franke, Markus Olpp, Thomas Petersen, Leila Kessler, Agnes Fischer, Claudia Geißler und Kristina Schmidt

… dem Team der Südroute:
Thomas Radler, Timo Fenner, Heiko Merten, Frank Regente, Marc Meusinger, Ronny Kubis, Matthias Schudde, Verena Renneberg, Dr. Stefan Ripke

… den Kandidaten der Südroute:
Gisa Naumann-Namba, Arndt Böhnke, Norman Lesser, Anne Hemmerling, Werner Marquart, Dr. med. Nastjenka Berndt und Tschingunshaw Borchu

… dem Team der Nordroute:
Volker Schmidt, Götz Walter, Erik Schimschar, Jörg Stocker, Uwe Sowada, Fabian Schalling, Frank Zahl, Sina Krebs, Dr. med. Monika Puskeppeleit

… den Kandidaten der Nordroute:
Oliver Schneider, Manfred Möhres, Christian Olfen, Lena Döring, Kirsten Anja Ceglarek, Catrin Schoneville und Tuul Enkhbat

… den vielen weiteren Firmen und ihren Mitarbeitern, die tatkräftig zum Gelingen dieser Produktion beigetragen haben:
Helge Reitz und seinem Team von Nomadstours, Lucia Brauburger von der Agentur Print und TV; Reinhold Stecher von der AVA-Autoren u. Verlagsagentur; Willi Ewig von der Manilla Skyranch; Heike Headecke und Miriam Weinandi von Montage Plus; bureau23; der Mongolischen Botschaft Berlin sowie Oliver Schwarzkopf und Frank Wonneberg vom Schwarzkopf & Schwarzkopf Verlag

Ein ganz besonders großer letzter Dank geht an unsere mongolischen Karawanenführer Batgaa und Bazogt, die unendliche Geduld mit uns ›Langnasen‹ bewiesen haben.

MONGOLEI
DIE KARAWANE

ISBN 3-89602-683-6

Gesamtgestaltung: Frank Wonneberg
Titelfoto: Gordon A. Timpen

KATALOG
Wir senden Ihnen gern kostenlos unseren Katalog.
Schwarzkopf & Schwarzkopf Verlag GmbH / Abt. Service
Kastanienallee 32, 10435 Berlin
Telefon: 030 – 44 33 63 00 / Fax: 030 – 44 33 63 044

E-MAIL DES VERLAGES
info@schwarzkopf-schwarzkopf.de

INTERNET
www.schwarzkopf-schwarzkopf.de
www.ziegler-film.com
www.zdf.de